Le monde merveilleux en photos

LES CAMIONS

Le monde merveilleux en photos

LES CAMIONS

Piccolia

Recherche photographique : Brandi Valenza

5, rue d'Alembert
91240 Saint-Michel-Sur-Orge
Dépôt légal : 3ème trimestre 2009
Loi n°49-956 du 16 juillet 1949 sur les publications destinées à la jeunesse.
Imprimé à Singapour.

De jour comme de nuit, on trouve toujours un camion sur la route.

Évidemment grâce à leurs conducteurs, ces camions nous rendent de nombreux services : ils apportent des denrées pour approvisionner les supermarchés ou autres magasins près de chez nous, enlèvent la neige de nos routes, transportent les matériaux pour construire nos maisons, nous débarrassent de nos ordures, etc.

À travers le monde, des millions de camions sillonnent les routes et bon nombre d'entre eux peuvent être très beaux ! Cherche dans ce livre celui que tu préfères !

Tous les camions n'ont pas la même taille, la même forme et la même couleur. De plus, chacun d'eux est conçu pour transporter des choses bien précises. En voici quelques exemples !

Ces camions sont très grands et l'on peut mettre plein de marchandises dedans. Plus ils sont grands, plus ils ont de roues !

La partie avant du
camion s'appelle
le tracteur.
C'est ici que se
trouve le moteur
du camion.

844

Les camions sont conçus pour faire de longues distances, des déserts les plus chauds aux montagnes enneigées ! Sur le toit du tracteur, on trouve un déflecteur. Avec la vitesse, il dévie le vent vers le haut. Le camion consomme ainsi moins de carburant !

Les conducteurs s'installent dans la cabine pour conduire mais, à l'arrière, se trouve un petit habitacle où ils peuvent se reposer ou dormir.

Le tracteur a des phares, un klaxon et un pot d'échappement un peu spécial. Ci-contre, on peut voir le système d'attache qui raccorde la semi-remorque au tracteur.

31
9

Les chariots élévateurs chargent les remorques
des camions. Une rampe est souvent nécessaire
pour les aider à monter dedans !

24
23
22
21

Dans les usines
ou les
supermarchés,
on trouve
des quais de
déchargement
par lesquels
on remplit ou
on vide les
semi-remorques.

De nombreux camions empruntent les autoroutes pour être plus rapides. De plus, passer par les routes étroites des petits villages peut s'avérer très compliqué !

La semi-remorque de ce camion est très longue et en forme de tube. C'est une citerne qui transporte des liquides comme du lait, de l'huile ou de l'essence.

Lorsqu'une citerne transporte de l'essence, on trouve à l'arrière du véhicule un panneau prévenant que le camion-citerne est chargé d'un produit dangereux et inflammable.

Les quais de chargement et de déchargement des bateaux s'appellent les docks. Il est bien plus économique de transporter les marchandises venant de pays lointains par voie maritime plutôt que par les routes. Mais, les bateaux ne peuvent pas livrer les produits jusqu'aux supermarchés. Donc, les camions prennent le relais !

TARE
CUBE

Les marchandises sont entreposées dans un conteneur, une grande caisse en métal. Ainsi, on peut la déplacer de l'arrière du camion vers le pont d'un bateau, ou vice-versa.

Les trains routiers sont des camions qui ont une semi-remorque à laquelle sont attachées d'autres remorques...

… Ainsi, le camion transporte beaucoup plus de marchandises ce qui évite au conducteur de faire plusieurs voyages ! En voiture, on peut tout de suite savoir que l'on est derrière un camion de ce type car il porte à l'arrière un panneau où il est écrit : « long véhicule ».

ROAD
TRAIN

Un pick-up est une grosse voiture qui possède à l'arrière un plateau découvert mais qui ne peut transporter que de petites charges. Des camionnettes sont conçues sur le même principe.

Les dépanneuses ont trois systèmes pour remorquer une voiture et l'emmener au garage !

Certaines semi-remorques et remorques ont deux étages et ne sont conçues que pour le transport de voitures neuves. Pour les charger, il suffit de descendre le plateau du premier étage à l'oblique, ce qui en fait une rampe. Une fois les véhicules installés, on remonte le plateau. Ensuite, on utilise une rampe amovible pour le « rez-de- chaussée » car le plateau ne peut pas se baisser à cause des roues de la remorque !

265

Le camion ci-dessus nettoie les routes. Les autres nous débarrassent des ordures, avec l'aide de nos éboueurs, bien sûr !

Les camions à benne transportent la terre, le sable et les gravats pour la construction des routes, des maisons et des bâtiments.

Ces énormes machines à benne basculante, les dumpers ou tombereaux, sont utilisées pour l'exploitation minière, la construction des autoroutes et des chemins de fer.

69D
769C

Ces camions
sont conçus pour
transporter le
bois avec lequel
on fabrique
le papier, des
meubles et bien
d'autres choses !

Le camion toupie a un tambour qui n'arrête pas de tourner pour transporter du béton frais, un matériau dont on se sert pour la construction de bâtiments.

Le chasse-neige
a une grande
pelle à l'avant
qui racle la neige
pour déblayer
les routes afin
que l'on puisse
rouler dessus.

Cet engin s'appelle un monster truck. Dans certains pays, surtout aux États-Unis, on l'utilise pour réaliser des performances sur des circuits. Avec sa puissance et ses énormes roues, il doit franchir bon nombre d'obstacles, comme des voitures par exemple, et arriver le premier.

Ford
BeeWeb

LEMOINE TEAM
RENAULT
Nuevas instalaciones
RENAULT AUTO VERNISA
La calidad al servicio de su automóvil
RENAULT
RENAULT
AUTO VERNIS
XÀTIVA
LEMOINE TEAM
LEMOINE TEAM
MAN

Le monster truck doit monter sur les voitures pour les écraser puis retomber sur ses roues, sans trop de dégâts.

La journée, quand tu roules en voiture sur les autoroutes, tu vois beaucoup de camions. Pourtant, bon nombre de conducteurs dorment le jour sur des aires de repos pour rouler la nuit, un moment où peu de véhicules sont sur la route !

Semi-remorque

Un semi-remorque est un camion composé d'un tracteur et d'une remorque qui n'a que des roues à l'arrière et que l'on peut détacher.

Tracteur

C'est grâce à lui que le camion tout entier peut se déplacer. Il comporte la cabine où se trouvent le conducteur mais aussi le moteur.

Camion-citerne

Il peut réfrigérer les liquides (comme le lait) ou les garder à pression constante (tels le gaz).

Train routier

C'est un énorme camion souvent composé d'une semi-remorque derrière laquelle sont accrochées d'autres remorques. Ce long véhicule est utilisé pour de grandes distances.

Pick-up

Cette voiture permet de transporter de petites charges à l'arrière. C'est un véhicule assez pratique car tout le monde n'a pas le permis camion…

Camion poubelle

Comme ils doivent s'arrêter à chaque maison ou immeuble, les éboueurs travaillent en tout début ou fin de journée pour ne pas gêner la circulation des voitures. Les ordures sont jetées à l'arrière du camion et écrasées par un compacteur afin de prendre moins de place.

Camion à benne

Ce véhicule est utilisé pour les travaux publics. Le camion a un système qui permet d'incliner la benne vers l'arrière afin de décharger son contenu.

Tombereau

Également appelé dumper, cet énorme camion est utilisé dans les mines, là où les sites d'extraction de minerai sont immenses. Ainsi, le véhicule n'a aucun problème pour se déplacer !

Camion de bois

Il a un immense plateau dont les côtés sont munis de solides barres de fer à la verticale. Ainsi les troncs d'arbres abattus sont retenus et ne peuvent pas tomber.

Camion toupie

En mélangeant du ciment, du sable ou du gravier avec de l'eau, on en fait du béton. On appelle toupie l'arrière de ce véhicule car il tourne constamment pour que le béton ne se fige pas.

Chasse-neige

Lors de grosses chutes de neige, les routes deviennent très dangereuses voire impraticables. Cet engin permet de racler et repousser la neige sur le côté, comme le ferait un bulldozer pour les gravats !

Monster truck

C'est un engin qui n'a pas le droit de rouler sur nos routes – fort heureusement car il écraserait les voitures ! On l'utilise dans des stades pour faire des démonstrations spectaculaires.

REMERCIEMENTS :

Pour l'élaboration de cet ouvrage, nous tenions à remercier Ellen Dupont, JoBourne, et Thomas Keenes et Hannah Bowen.

CRÉDITS PHOTOGRAPHIQUES :

Légende :
t : haut ; b : bas ; DT : Dreamstime ; iSP : iStockhoto ; SST : Shutterstock

2 SST; 5 SST; 6 SST; 9 iSP; 10 SST; 11t,b SST; 9 iSP; 10 SST; 11t,b SST; 12t,b SST; 13 iSP; 14 iSP; 16 SST; 17t,b SST; 18t SST, b iSP; 19 SST; 20 iSP; 21 SST; 22 iSP; 23t,b iSP; 24t,b iSP; 25 SST; 27 SST; 25 SST; 27 SST; 25 SST; 27 SST; 28t SST, b iSP; 29 iSP; 30 SST; 32 iSP; 33t SST, b iSP; 34 SST; 35 SST; 37 iSP; 38t iSP, b SST; 39 iSP; 40 iSP; 41t,b iSP; 43 SST; 44t,b SST; 45 iSP; 46 SST; 47t,b SST; 48t,b iSP; 49 iSP; 50 iSP; 51t,b iSP; 52t,b SST; 53 SST; 54t iSP, b SST; 55 iSP; 57 SST; 58 SST; 59t,b SST; 60 SST; 64 SST.